AF341001

LETTRES
PATENTES DV ROY.

Contenant les Priuileges & Exemptions octroyez par sa Majesté, & ses predecesseurs Roys, aux Capitaines Arbalestriers, Archers & Harquebusiers de Paris.

Ensemble l'Arrest de verification d'icelles.

A PARIS,

De l'Imprimerie de LOVIS BARBOTE, rue Mariuault, à l'Image Nostre Dame, prés S. Iacques de la Boucherie.

M. DC. XXXVIII.

(2)

LETTRES PATENTES

du Roy, contenane les privileges & exemptions octroyez par sa Maje-sté, & ses predecesseurs Roys, aux Capitaines Arbalestriers, Archers & Arquebusiers de Paris.

OVIS par la grace de Dieu, Roy de France & de Nauarre. A tous presens & à venir, Salut : Sçauoir faisons, qu'ayant égard à la tres-humble supplication de nos chers & bien amez, les Capitaines Arbalestriers, Archers, Arquebusiers de nostre bonne ville de Paris, contenant que pour plusieurs bonnes considerations, mesmes afin de conseruer ladite ville contre les émotions populaires qui y pourroient arriuer. Les feuz ROYS nos predecesseurs les auroient successiuement, & selon que la necessité du temps le requeroit, creéz

A ij

ordonnez & establis, pour rendre continuel-
lement le seruice necessaire aux commande-
mens qui leur seroient faicts à toutes heures
iour & nuict, sans pour raison de ce, il leur
ayt esté ordonné aucuns gages : Ains en con-
sideration desdits seruices, & des grands fraiz
& despenses qu'ils supportent, leur auroient
seulement accordé quelques priuileges &
exemptions, la iouïssance desquels auroit esté
discontinuée, tant par la negligence des Chefs
& membres desdites Compagnies, qu'à l'occasion des guerres qui ont couru en cestuy
nostre royaume: De sorte qu'ils ne iouïsseut à
present d'autre exemption que du vin de leur
creu,& attribution de leurs causes deuant nostre Preuost de Paris : Et se trouuera les deux
tiers desdites Compagnies qui n'ont heritages, & ne iouïssent par consequent d'aucuns
desdits priuileges:Et pour les autres contenuz
en leurs Chartres & lettres, ils nous ont tres-
humblement supplié & requis y estre conser-
uez, d'autant qu'ils sont érigez à l'instar des
Arquebusiers & Arbalestriers de nos villes de
Roüen & Tournay, auec pareils droicts,priui-
leges & exemptions, dont ceux dudit Roüen
ont iouy & vsé en tout temps : Lesquels priui-

leges & exemptions, le feu Roy dernier decedé, noftre honoré Seigneur & Pere, que Dieu
abfolue, auroit confirmez par Lettres Patentes du quatriefme Nouembre mil cinq cens
quatre vingts quatorze : Et depuis par autres
Lettres donneés à Lyon au mois de Decem-
bre mil fix cens, pour en jouir par les expo-
fans, pleinement & paifiblement, eu efgard à
leur refidence en noftredite ville de Paris,
principale & capitale de noftre Royaume, ce
qui les rend plus fauorables. Et d'autant que
par lefdites Lettres de noftredit feu Seigneur
& Pere, ils font exempts de toutes chofes ge-
neralement quelsconques : Neantmoins ils
craindroient d'eftre troublez & empefchez
en quelques vns defdits priuileges & exemptions, s'ils n'eftoient expreffement nommez
& fpecifiez. Au moyen dequoy ils nous ont
tres-humblement fupplié & requis, en confi-
deration des fidelles, agreables & recomman-
dables feruices qu'ils ont rendu à feu noftre
Seigneur & Pere, à la reduction & entrée de
noftre ville de Paris, des grandes defpenfes
qu'ils ont faites pour l'entrée de la Royne noftre tres-honorée Dame & Mere, qui leur re-
uient à cinquante mil liures, & des feruices

A iij

qu'ils nous rendent, & defirent nous conti-
nuer à l'aduenir, leur confirmer lefdits priuileges & exemptions montionnez en toutes
leurfdites Lettres, & d'abondât leur octroyer,
defquelles la teneur enfuit : A fçauoir, Qu'eux
& leurs fucceffeurs efdites charges, feront tenus francs, quittes, & exempts de loger en
leurs maifons, tant des champs que de la ville & fauxbourgs, aucunes garnifons de gens
de guerre, foit de cheual ou de pied : Enfemble
de toutes Commiffions, Tutelles & Curatelles, de payer nos droicts de Tailles & Subfi-
des, Guets de portes, Sentinelles, Arriere-
guets, Efchauguets, Peages & Chantelages,
Pauages, Paffages, Pontages, Trauers, Em-
prunts, Dons gratuits, Gabelles, Aydes de
cent feuz, de tous tributs, Leuées au lieu de
Tailles, de tout ce qu'ils vendront ou feront
vendre, prouenant du creu de leurs heritages,
Droict d'auoir & prendre en noftre magafin
de noftre ville de Paris, par lefdits Capitaines,
Lieutenans & Enfeignes, chacun vne mine
de fel, & vn minot pour chacun Arbaleftrier,
Archer & Harquebufier, chacun an, pour la
prouifion & defpenfe de leurs maifons, en
payant par eux le droict du marchand feule-

ment, & baillant par lesdits Capitaines, roolle
& certificat des noms & surnoms desdits Arbalestriers, Archers & Harquebusiers, auec
quittance, mesmes pouuoir d'achepter, vendre ou faire achepter, & vendre de toutes sor-
tes de denrées & marchandises, tant dedans
que dehors ladite ville, & autres lieux & en-
droits de nostre Royaume, sans que pour raison de ce, ils soient tenus payer aucuns subsides ou impositions, soit à nous, que nos fer-
miers adjudicataires de nos fermes, tant du
grand que du petit poids de nostredite Ville,
qu'autres lieux où ils trafiqueront, & feront
marchandises, iusques à la somme de quinze
liures, qui sera diminuée à chacun d'eux sur
lesdits droicts par chacun an : Et aussi de vendre & distribuer à leur profit, soit en gros ou
en détail chacun d'eux, le nombre & quantité
de dix queues de vin par chacun an, outre &
par dessus le vin de leur creu, sans payer aucun ayde, subside ou imposition, à nous & nos
successeurs Roys, ny à ladite Ville, ores ny
pour le temps à venir, soit du gros, huicties-
me, quatriesme, ayde d'entrée de Ville de quatre sols deux deniers, & dix deniers vn sol pa-
risis pour le droict de Ville, & six deniers pour

chacuñ muid, & dehors de menuës ventes,
droict du Treillis, Ceincture de Royne, ny autres tributs, imposts, taxes, dons gratuits, con-
tributions, impositions, & subsides generale-
ment quelsconques, mis ou à mettre, taxez ou
imposez, soit par nous ou nostredite ville de
Paris, pour quelque cause ou occasion que ce
soit, sans rien reseruer, fors & excepté la ran-
çon de nous & de nos successeurs Roys, si pris
estions de nos ennemis, que Dieu ne vueille
permettre, le ban, arriere ban, contre ban &
fortifications de nostredite ville, au cas qu'il
n'y eust aucuns deniers en icelle pour ce faire
tant seulement, à la charge que chacun desdits
Arbalestriers, Archers & Harquebusiers aura deux escus & demy de solde chacun an,
des deniers de nostredite ville de Paris, que
s'ils sortent & marchent en armes hors des
portes de nostredite ville de Paris, par le com-
mandement de Nous, nos Lieutenans, Gou-
uerneurs, Preuost de Paris, & des Marchands
& Escheuins de ladite ville, ils seront payez &
soldoyez par icelle nostredite ville, à raison de
trois sols pour chacun Arbalestrier, Archer, &
Harquebusier; Capitaines, Lieutenans & En-
seignes chacun cinq sols par iour, de la mon-
noye

noye qui aura cours au païs, auec la nourritu-
te de leurs perſonnes, gens, & cheuaux, & ſi
leur ſera loiſible & permis de tranſporter l'vn
à l'autre de leurſdits compagnons, leſdits
droicts, franchiſes, exemptions, & libertez
ſuſdites, & non à autres, & qu'ils ne pourront
eſtre traictez ny trauaillez en procez, pour
quelque cauſe que ce ſoit en premiere inſtan-
ce, tant en demandant que defendant, ailleurs
que pardeuant noſtre Preuoſt de Paris, on ſon
Lieutenant, auquel la cognoiſſance de toutes
leurs cauſes eſt attribuée & commiſe, comme
conſeruateur de leurſdits priuileges. POVR
ces cauſes, inclinant liberalement à la ſuppli-
cation deſdits expoſans, & ayant eſgard aux
grands & actuels ſeruices qu'ils ont faits &
rendus aux defuncts Roys, & à ladite ville, à
leurs fraiz & deſpens, pour la conſeruation,
repos & tranquilité d'icelle, ſans aucuns gai-
ges, droicts, ny profits quelſconques, ſinon
leſdites exemption, priuileges, franchiſes, &
libertez ſuſdites. DE L'ADVIS de noſtre
Conſeil, & de noſtre certaine ſcience, grace
ſpeciale, pleine puiſſance, & authorité Royale,
Et veu par nous les lettres de confirmation
deſdits priuileges de noſtredit feu Sieur & Pe-

B

re le Roy dernier decedé. Nous les auons
confirmez, ratifiez & approuuez, cōfirmons.
ratifions & approuuons : Et en tant que be-
foin eſt, leur auons de nouueau concedez,
octroyez & accordez; concedons, octroyons,
& accordons, pour en iouïr doreſnauant, par
eux, leurs ſucceſſeurs eſdites charges, tout
ainſi qu'ils ſont cy deſſus ſpecifiez & declarez,
que par les autres Lettres des feuz Roys nos
predeceſſeurs : Deſquels priuileges y conte-
nus, ils ont bien & deuëmēt iouy & vſé, en
conſequence de toutes leſquelles Lettres, meſ-
mes de celles de noſtedit feu Sieur & Pere:
Nous mandons à nos amez & feaux Conſeil-
lers, les gens tenans nos Cours de Parlement,
Chambres des Comptes, Cours des Aydes,
Treſoriers Generaux de France, Preuoſt de
Paris, & des Marchands & Eſcheuins de ladite
ville, Que ces preſentes ils verifient, faſſent re-
giſtrer, inuiolablement garder, ſuiure, entrete-
nir & obſeruer, & du contenu en icelles, ils
ſouffrent & laiſſen iouïr leſdits ſupplians, pleinement & paiſiblement, ſans aucun retranche-
ment ny diminution quelconque, ny permettre & ſouffrir leur eſtre fait ny donné aucun
empeſchement, au contraire, ſi fait, mis, ou

donné estoit, l'ostent, & mettent incontinent
& sans delay à pleine deliurance, au premier
estat & deu : Contraignant à ce faire & souf-
frir tous ceux qu'il appartiendra, nonobstant
oppositions, ou appellations quelsconques,
Ordonnances, Restrinctions, Mandemens
Defenses & Lettres à ce contraires, ausquel-
les nous ayons dérogé & dérogeons par ces
presentes, à la dérogatoire de la dérogatoire
y contenüe, Pour lesquelles, & sans prejudi-
ce d'icelle ne sera differé, & sans s'arrester ny
auoir esgnrd à la surrannation desdites Lettres, d'autant que Nous les en auons releuez
& dispensez, releuons & dispensons par ces
presentes, ensemble du temps de l'intermis-
sion de la jouïssance d'iceux, que ne voulons
leur nuire ne prejudicier. Et d'autant que lesdits supplians pourroient auoir affaire de ces
presentes en plusieurs & diuers lieux, Nous
voulons qu'ou vidimus d'icelles sait par l'vn
de nos Notaires, Secretaires, foy soit adjou-
stée comme au present original : Car tel est
nostre plaisir. Et à fin que ce soit chose ferme
& stable à tousiours, Nous auons fait mettre
nostre seel à cesdites presentes, sauf en autres
choses nostre droict, & l'autruy en toutes.

B ij.

Donné à Paris au mois de Feurier, l'an de grace mil six cens quinze : Et de noftre regne le cinquiefme. Signé LOVIS. Et fur le reply: Par le Roy, DELOMENIE. Et icelles feellées de cire verte, en lacs de foye rouge & verte. Et encores audit reply eft efcrit, Vifa. Et au deffouz, Contentor. Signé HALOPPIN. Et au dos eft efcrit, Regiftrata: Plus audit reply.

Regiftré, oüy le Procureur General du Roy, pour jouïr par les impetrans du contenu en icelles, horfmis pour l'exemption des tutelles & curatelles. A Paris en Parlement, le quatriefme Iuillet mil fix cens quinze. Signé Dv TILLAT. Et plus bas audit reply eft efcrit,

Regiftré en la Chambre des Comptes, oüy le Procureur General du Roy, pour en iouïr par les impetrans de l'effect & contenu en icelles, ainfi qu'ils en ont cy deuant bien & deüment ioüy & vfé, iouïffent & vfent à prefent, fuiuant l'Arreft de ce. Faict le dixhuictiefme iour d'Auril mil fix cens feize. Signé BERTHELIN. Plus audit reply eft efcrit,

Regiftré en la Cour des Aydes, oüy le Procureur General du Roy, pour iouïr par les im-

petrans & leurs succeſſeurs eſdites charges du
contenu en ces preſentes, ainſi qu'ils en ont cy
deuant bien & deuement ioüy & vſé, iouïſſent
& vſent encores à preſent, ſuiuant l'Arreſt de
ladite Cour, du iourd'huy. A Paris, le trentieſ-
me Iuin mil ſix cens ſeize. Signé BERNARD.

Collationné à ſon original , par moy
Conſeiller, Notaire & Secretaire du
Roy.　　De la Rebertiere.

Extraict des Regiſtres de la Cour des Aydes.

VEV par la Cour, les Lettres patentes
du Roy, données à Paris au mois de
Feurier mil ſix cens quinze, ſignées
Lovis, & ſur le reply, Par le Roy, Delomenie,
A coſté, Viſa, Contentor, Chalopin, & ſeellées
de cire verte ſur lacs de ſoye rouge & verte,
obtenuës par les Capitaines Arbaleſtriers, Archers, Harquebuſiers de cette ville de Paris,
par leſquelles & pour les cauſes y contenuës,

B iij

sa Majesté confirme, ratifie & approuue, & entant que besoin est, leur auroit de nouueau concedé & octroyé les priuileges, franchises & exemptions à eux cy deuant concedez & octroyez par ses predecesseurs Roys, mesmes par le feu Roy Henry d'heureuse memoire, que Dieu absolue, pour en iouïr par eux & leurs successeurs esdites charges, tout ainsi qu'ils sont specifiez esdites Lettres, & qu'ils en ont bien & deuëment joüy & vsé en consequence desdites concessions, mesmes de celles dudit feu Seigneur Roy dernier decedé : Veu aussi lesdites Lettres de concession attachées souz le contreseel. Declarations de Maistre Anthoine Feydeau, adjudicataire de la Ferme generale des Aydes de France, du vingt-septiesme Septembre mil six cens quinze, Qu'il n'empesche l'entherinement d'icelles Lettres, pourueu que les impetrans en ayent bien & deuëment joüy & vsé, & non autrement ; En cas que ce fust vne nouuelle concession ja apposée à icelles. Consentement pur & simple de Maistre Anthoine Dralam, adjudicataire des Gabelles de la generalité de Paris, du quatorziesme Nouembre audit an mil six cens quinze, à la verification & entherinement desdites Lettres pour le droict de sel y mentionné, attendu qu'ils en ont cy deuant iouy. Opposition for mée à l'entherinement desdits Lettres, par Maistre Estienne Laurens, fermier des quatre sols deux deniers, & dix deniers d'entrée du vin en cette ville & faux-bourgs de Paris, le vingt-deuxiesme d'Octobre mil six cens seize: Requeste desdits impetrans, afin de verification desdites Lettres: Conclusions du Procureur general du Roy, Le tout veu & consideré. LACOVR, a ordonné & ordonne, que lesdites Lettres seront registrées au Greffe d'icelle, pour jouïr par les impetrans, & leurs successeurs esdites charges, du contenu en icelles, ainsi qu'ils ont cy deuant bien & deüement jouy & vsé, jouïssent & vsent encores à present. Prononcé le trentiesme iour de Iuin mil six cens seize. Signé DE LAISTRE.